AF358146

VENTE

DU SAMEDI 4 FÉVRIER 1893

HOTEL DROUOT, SALLE Nº 7

à 2 heures 1/4

BELLES TAPISSERIES

DE LA

RENAISSANCE

SCULPTURES : GROUPE ET BUSTE EN MARBRE

BRONZES D'ART ET D'AMEUBLEMENT

LOUIS XV ET LOUIS XVI

Grandes et belles Torchères, Pendules, Candélabres

Statuettes, Appliques, Lustres, Chenets

PORCELAINES DE SAXE, CHINE, JAPON ET AUTRES

ARGENTERIE, OBJETS DE VITRINE

MEUBLES ANCIENS ET DE STYLE

Tableaux, Gouaches, Gravures

Mᵉ G. BOULLAND	M. ARTHUR BLOCHE
COMMISSAIRE-PRISEUR	EXPERT PRÈS LA COUR D'APPEL
26, rue des Petits-Champs, 26	25, rue de Châteaudun, 25

EXPOSITION PUBLIQUE

Le Vendredi 3 Février 1893, de deux heures à six heures

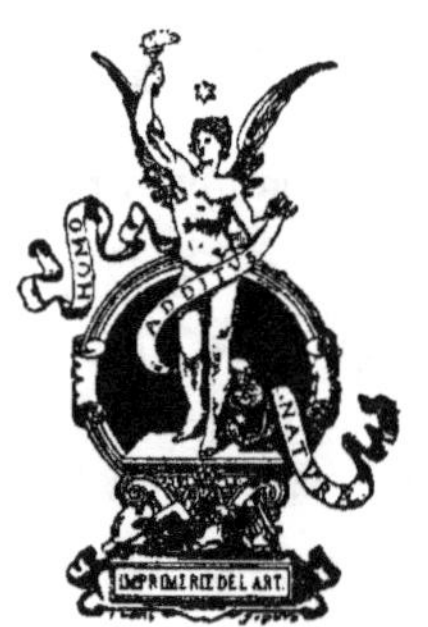
HOMO
ADDITVS
NATVRÆ
IMPRIMERIE DEL ART.

CONDITIONS DE LA VENTE

Elle sera faite au comptant.

Les Acquéreurs payeront CINQ POUR CENT en sus des adjudications, applicables aux frais de la vente.

L'exposition mettant le public à même de se rendre compte de l'état des objets, il ne sera admis aucune réclamation une fois l'adjudication prononcée.

Paris. — Imp. de l'Art. E. Ménard et Cⁱᵉ, 41, rue de la Victoire.

DÉSIGNATION DES OBJETS

TAPISSERIES, ÉTOFFES

1 à 3 — Trois belles tapisseries de Bruxelles,
époque de la Renaissance, représentant des
scènes de l'histoire ancienne, sujets bibliques et
champêtres inspirés des cartons de Raphael et
de Jules Romain, avec riches et larges bordures
offrant des figures allégoriques, des sujets à
petits personnages, avec des inscriptions, des
guirlandes et des rinceaux. Dans l'extrême bor-
dure se trouve le monogramme B de Bruxelles,
et de Babouzet, maitre tapissier.

> 1re Hauteur, 3 m. 40 cent.; largeur, 4 m. 75 cent.
> 2e Hauteur, 3 m. 40 cent.; largeur, 4 m. 60 cent.
> 3e Hauteur, 3 m. 40 cent.; largeur, 3 m. 75 cent.

4 — Devant d'autel en soie blanche, richement
brodé au chiffre du Christ, à corbeille de fruits,
gerbes de fleurs.

5 — Panneau d'écran peint sur soie; vase de fleurs
et rinceaux.

6 — Coussin tout brodé, à sujet, d'après Leprince:
les Hommages à la Marquise, entouré de fleurs
et de rinceaux.

OBJETS D'ART ET D'AMEUBLEMENT

7 — Très beau groupe en marbre blanc, représentant Vénus sur un dauphin tenant une
coquille.

8 — Charmant buste en marbre blanc : grande
dame de la cour de Louis XVI.

9 — Paire de beaux candélabres Louis XVI, à
trois lumières, formés par un faune et une faunesse
accroupis, avec socles en bronze doré, ornés de
guirlandes de roses.

10 — Deux vases en vieux Japon, forme demi-aplatie,
décor bleu, à côtes; monture en bronze doré.

11 — Vase en vieux céladon de Chine, monture à
rocailles en bronze doré.

12 — Paire de jolis candélabres en bronze, à trois
lumières, de style Louis XVI, formés par des
nymphes drapées.

13 — Petit groupe en bronze: les Amours musiciens,
socle en marbre rouge.

13 *bis* — Paire de belles appliques en bronze doré,
style Louis XV, modèle à rocailles avec perro-
quets.

14 — Très jolie pendule formée par un grand groupe
de cinq figures en biscuit, représentant l'Autel
de l'Amour préparé par les nymphes, montée
sur socle en marbre garni de bronze doré. Style
Louis XVI.

15 — Joli groupe en porcelaine, représentant le
Char de l'Amour trainé par quatre chevaux,
monté en bronze doré à rocailles et abrité par
un arbre tout garni de fleurs, pâte tendre.

16 — Assiette en ancienne porcelaine de Sèvres,
décor bouquets de fleurs et guirlandes à bandes
bleues et rehauts d'or.

17 — Grand groupe équestre de Saxe représentant
l'Afrique.

18 — Assiette en ancienne faïence d'Urbino, décorée
au centre d'un buste de personnage et sur le
bord de trophées guerriers.

19 — Deux petites torchères en marbre portées par
des figurines d'amours. xviiᵉ siècle.

20 — Deux jolis petits cache-pots en ancienne faïence

de Sceaux, décor à rinceaux, guirlandes de feuillage et rocailles en polychrome.

21 — Joli porte-huilier en vieux Rouen, décor au Chinois et à fleurs en polychrome.

22 — Quatre tasses et soucoupes en ancienne porcelaine de l'Inde, décor en grisaille, personnages et ornements.

23 — Assiette en ancienne porcelaine de Charles Théodore, décor de bouquets de fleurs et guirlandes.

24 — Paire de vases avec socles en porcelaine de Saxe, décor en relief à fleurs et figures.

25 — Groupe : petits Bacchus sur une chèvre.

26 — Groupe : la Petite Gaveuse d'oies.

27 — Deux figurines : l'Hiver et l'Été.

28 — Joli petit groupe : les Amoureux à la cage.

29 — Deux groupes : Chevaux et Négrillons.

30 — Lustre du premier Empire, en bronze ciselé et doré garni de cristaux.

31 — Jolie pendule en bronze ciselé et doré, forme

monument, avec chutes de fruits sur les côtés, surmontée d'un vase orné de guirlandes. Style Louis XVI.

32 — Deux flambeaux en bronze doré, à cariatides groupées. Style Louis XVI.

33 — Jolie pendule en marbre bleu turquin orné de bronze doré, surmontée d'un buste de Flore en bronze argenté et doré, de Marin. Style Louis XVI.

34 — Paire de grandes et belles torchères formées par des enfants grandeur nature en bronze, patine verte, portant des bouquets de lumières en bronze doré, à fleurs. Style Louis XVI.

35 — Grand groupe en bronze : Vénus et l'Amour, d'après Boucher.

36 — Jolie pendule en bronze doré et marbre blanc, époque Louis XVI : Chèvres et Lions.

37 — Paire de jolis candélabres à trois lumières, en bronze doré, forme vases, avec élégants rinceaux, supportés par des griffons empanachés. Style Louis XVI.

38 — Paire de grands vases de Saxe, avec couvercles, décor à fleurs et branchages en relief dit boule-de-neige.

39 — Deux figurines en bronze ciselé et doré : Voltaire et Rousseau, sur socles carrés en marbre jaune de Sienne.

40 — Paire de beaux chenets en bronze doré, à balustrade, avec figures d'enfants se chauffant, à patine verte. Style Louis XVI.

41 — Deux statuettes en bronze : Mercure et Renommée ; socle en marbre.

42 — Statuette équestre en bronze : *Ariane*.

43 — Paire de petits flambeaux en bronze, partie dorée : figures d'amours sur fûts de colonne. Premier Empire.

44 — Statuette : *la Source*, bronze de Clodion. Style Louis XVI.

45 — Jardinière ronde et lobée en émail cloisonné de Chine, fond bleu turquoise et fleurs en couleur.

46 — Deux petites jardinières en émail cloisonné de Chine, décor à fleurs en polychrome.

47 — Suite de six cassolettes ou bonbonnières en émail cloisonné, décors variés.

48 — Deux petits brûle-parfums émail cloisonné
aventuriné.

49 — Deux brûle-parfums en bronze ; anses aux
dragons, couronnés par des chimères.

50 — Paire de vases en bronze finement ciselé du
Japon, patine claire.

51 — Paire de bouteilles en bronze, patine claire du
Japon, avec dragons montant sur le goulot.

52 — Paire de vases-barils, métal et bronze, à bandes
tournantes de différents tons de patine, frises à
poissons en relief.

53 — Deux grandes jardinières lobées en bronze, finement décorées de lambrequins en bas-reliefs.

54 — Deux chimères en bronze ancien du Japon.

55 à 60 — Six boîtes en bronze et métal ciselé, décors divers.

61 — Paire de vases de Chine gris craquelé, à scènes
guerrières.

62 — Paire de vases de Chine, décor bleu sur blanc
à arabesques.

63 — Huit groupes et sujets en pierre de lard.

64 — Paire de vases à quatre faces, fond jaune à médaillons, personnages, de Chine.

65 — Deux vases de Chine, décor en relief polychrome sur fond jaune.

66 — Deux vases et un brûle-parfums fond rouge à figures, décor polychrome et en réserve.

67 — Paire de grands vases, décor bleu à rosaces et ornements.

68 — Boîte ovale en laque d'or avec figures d'acrobates sur le couvercle.

69 — Boîte en renfermant deux autres en laque noire, décor fin à rehauts d'or du Japon.

70 — Trois belles statuettes de Satzuma, décor fin à riches costumes rehaussé d'or.

71 — Garniture de cinq pièces de Chine, fond bleu, rehauts d'or et médaillons à personnages.

72 — Deux bols en gris craquelé de Chine, décor chimères et dragons.

73 — Joli vase de Chine, décor flambé avec fruits en relief.

74 — Deux petits vases, décor à entrelacs en bleu sur blanc.

75 — Bonbonnière, décor au dragon en bleu sur blanc.

76 — Deux petites gourdes aplaties à personnages, famille verte.

77 — Deux petits vases. décor rouge de fer et bleu, à figures.

78 — Quatre petits vases de formes diverses.

79 — Paire de grosses potiches avec couvercles en porcelaine de Chine, décor à sujets en bleu sur blanc.

80 — Grand pot à eau et cuvette en argent. Louis XV.

81 — Grand plateau à anses en métal ciselé et argenté.

82 — Plaque en argent repoussé représentant : le Combat de l'Amour, d'après Fragonard.

83 — Plaque en argent repoussé : Baigneuse, d'après Falconet.

84 — Petite jardinière forme cygne en argent repoussé.

85 — Encrier en argent orné de guirlandes et enfants. Louis XVI.

86 — Bougeoir en argent. Louis XV.

87 à 89 — Trois bonbonnières en argent repoussé.

90 — Couvert à salade en argent.

91 — Petit porte-bouquet carré en argent, orné de figurines d'enfants jouant.

92 — Jolie pendule en bois sculpté et doré, mouvement recouvert d'une draperie, posant sur une table à têtes d'hommes et guirlande.., cadran entouré de stras, socle en marbre blanc. Époque Louis XVI.

93 — Flambeau à bouillotte à deux branches en bronze doré. Époque premier Empire.

94 — Écritoire en émail peint de la Chine.

95 — Tasse et soucoupe de Berlin, décor fond bleu de roi à rehauts d'or avec médaillons à figures.

96 — Figurine de vieux Chelsea : Enfant et chat.

97 — Table en noyer sculpté à abattants. Époque Louis XIII.

98 — Petit meuble à étagère en bois sculpté.

99 — Paravent à trois feuilles en bois sculpté, rechampi de blanc, garni d'étoffe. Style Louis XVI.

100 — Écran en bois sculpté, rechampi de blanc, garni d'étoffe. Style Louis XVI.

101 — Table-servante acajou, dessus en marbre onyx. Style Louis XVI.

102 — Lustre de salon à vingt-huit lumières, en bronze, garni de cristaux.

103 — Lot de cuirs de Cordoue.

104 — Canapé Louis XVI, en bois doré, cannage doré, et recouvert d'étoffe ancienne en soie.

105 — Bougeoir ancien en bronze doré, oiseau en porcelaine de Saxe.

106 — Deux bouts de table en argent.

107 — Plateau tripode en argent.

108 — Couvert en argent, manches dorés, ancienne porcelaine de Saxe.

109 — Petit bureau Louis XVI, en argent.

110 — Boîte à bijoux en argent ancien.

111 — Bouillotte en argent ancien.

112 — Bonbonnière ancienne en or, avec miniature.

113 — Étui en émail ancien.

114 — Miniature : siège de Fribourg.

115 — Deux boutons en argent ancien.

116 — Surtout de table en argent émaillé.

TABLEAUX

117 — CALAME (ALEXANDRE). Rocher et ruisseau.

118 — PENNE (DE). Scène de chasse.

119 — BAKALOWICZ. Tête de femme. Étude.

120 — WITT (JACQUES DE). L'Abondance. Scène allé-
gorique à nombreux personnages, grisaille.

121 — BREUGHEL (AMBROISE). Panier de fleurs. Pein-
ture sur cuivre.

122 — HAARLEM (CORNÉLIUS VAN). Vue des canaux
de Rotterdam.

123 — GUDIN (TH.). Marine.

124 — GARDANNE. Cuirassier à cheval, lancier à
cheval. Deux pendants.

125 — ÉCOLE FRANÇAISE. Parc. Gouache.

126 à 130 — ÉCOLE FRANÇAISE. Suite de gravures, dont
plusieurs en couleur, d'après Carle Vernet. (Sera
divisé.)

131 — Objets non catalogués.

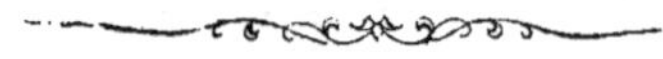